Impressum
Verlag: BABADADA GmbH, Nedderfeld 112 , 22529 Hamburg
Geschäftsführer / Verlagsleitung: Harald Hof
Druck: Books on Demand GmbH, In de Tarpen 42, 22848 Norderstedt

Imprint
Publisher: BABADADA GmbH, Nedderfeld 112 , 22529 Hamburg, Germany
Managing Director / Publishing direction: Harald Hof
Print: Books on Demand GmbH, In de Tarpen 42, 22848 Norderstedt

l'école

Szkoła

diviser
dzielić

186 / 2

le tableau noir
Tablica

la salle de classe
Sala lekcyjna

la cour (de récréation)
Dziedziniec szkolny

le professeur
Nauczyciel

le papier
Papier

écrire
pisać

le stylo
Pisak

le bureau
Biurko

la règle
Liniał

le livre
Książka

l'élève
Uczeń

le cartable

Plecak szkolny

la trousse

Piórnik

le crayon

Ołówek

le taille-crayon

Temperówka

la gomme

Gumka do mazania

le carnet à dessin

Blok rysunkowy

le dessin

Rysunek

le pinceau

Pędzel

la boîte de peinture

Pudełko z akwarelami

les ciseaux

Nożyce

la colle

Klej

le cahier d'exercices

Książka do ćwiczenia

les devoirs

Zadanie domowe

12

le chiffre

Liczba

2+2

additionner

dodawać

5-2

soustraire

odejmować

2×2

multiplier

mnożyć

calculer

liczyć

A

la lettre

Litera

ABCDEFG HIJKLMN OPQRSTU VWXYZ

l'alphabet

Alfabet

le mot

Słowo

le texte

Tekst

lire

czytać

la craie

Kreda

la leçon

Godzina

le livre de classe

Dziennik lekcyjny

l'examen

Egzamin

le certificat

Świadectwo

l'uniforme scolaire

Mundurek szkolny

la formation

Wykształcenie

le lexique

Leksykon

l'université

Uniwersytet

le microscope

Mikroskop

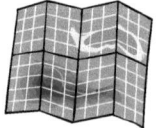

la carte

Mapa

la corbeille à papier

Kosz na odpadki

le voyage
Podróż

l'hôtel
Hotel
Grand
l'auberge
Schronisko
ROOMS
le bureau de change
Kantor wymiany walut
ÉCHANGE
la valise
Walizka
la voiture
Auto

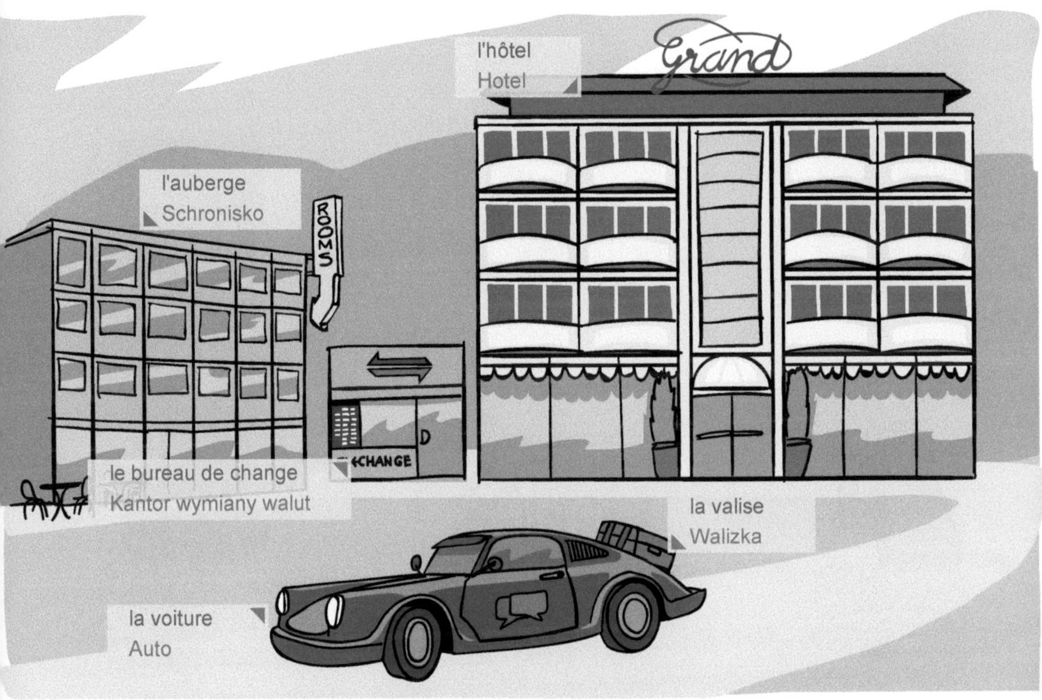

la langue

Język

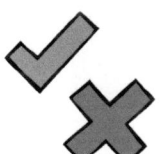

oui / non

tak / nie

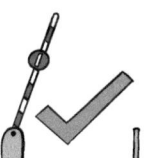

d'accord

OK

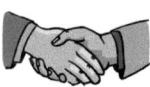

Salut

Halo

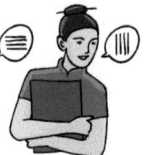

l'interprète

Tłumacz

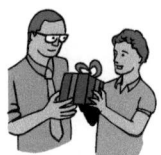

merci

Dziękuję

Combien coûte...?

Ile kosztuje ...?

Je ne comprends pas

Nie rozumiem

le problème

Problem

Bonsoir !

Dobry wieczór!

Bonjour !

Dzień dobry!

Bonne nuit !

Dobranoc!

Au revoir

Do widzenia

la direction

Kierunek

les bagages

Bagaż

le sac

Torba

le sac-à-dos

Plecak

l'hôte

Gość

la pièce

Pokój

le sac de couchage

Śpiwór

la tente

Namiot

l'office de tourisme

Informacja turystyczna

la plage

Plaża

la carte de crédit

Karta kredytowa

le petit-déjeuner

Śniadanie

le déjeuner

Obiad

le dîner

Kolacja

le billet

Bilet

l'ascenseur

Winda

le timbre

Znaczek na list

la frontière

Granica

la douane

Cło

l'ambassade

Ambasada

le visa

Wiza

le passeport

Paszport

le transport

Transport

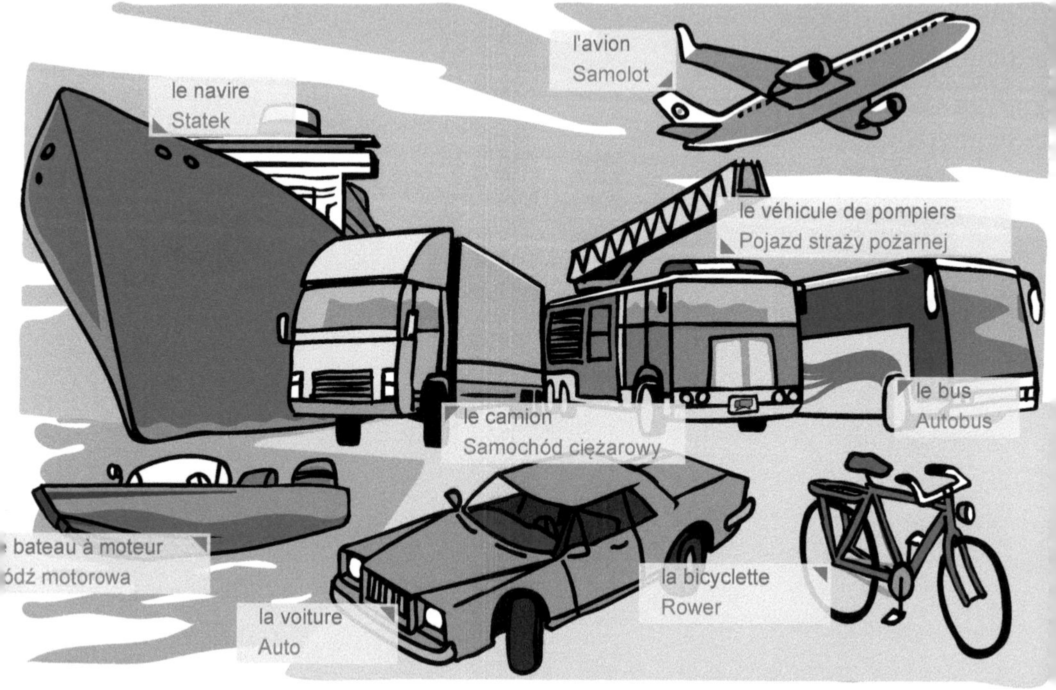

l'avion
Samolot
le navire
Statek
le véhicule de pompiers
Pojazd straży pożarnej
le bus
Autobus
le camion
Samochód ciężarowy
bateau à moteur
ódź motorowa
la bicyclette
Rower
la voiture
Auto

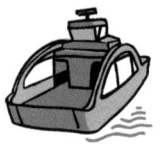

le ferry

Prom

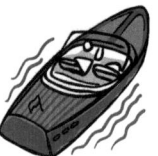

la barque

Łódź

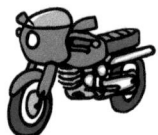

la moto

Motocykl

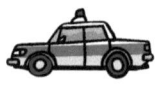

la voiture de police

Radiowóz policyjny

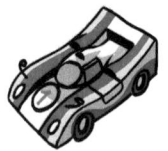

la voiture de course

Samochód wyścigowy

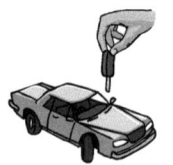

la voiture de location

Samochód wypożyczony

l'auto-partage

Wspólne przejazdy samochodem

la voiture de remorquage

Samochód pomocy drogowej

la benne à ordures

Śmieciarka

le moteur

Silnik

l'essence

Benzyna

la station d'essence

Stacja benzynowa

le panneau indicateur

Znak drogowy

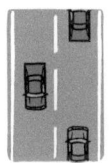

le trafic

Ruch

l'embouteillage

Korek

le parking

Parking

la gare

Dworzec

les rails

Szyny

le train

Pociąg

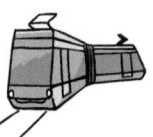

le tramway

Tramwaj

le wagon

Wagon

l'hélicoptère

Helikopter

l'aéroport

Lotnisko

la tour

Wieża

le passager

Pasażer

le conteneur

Kontener

le carton

Karton

le chariot

Taczka

la corbeille

Kosz

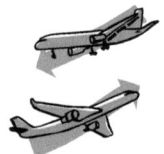

décoller / atterrir

startować / lądować

la ville

Miasto

le village

Wieś

le centre-ville

Centrum miasta

la maison

Dom

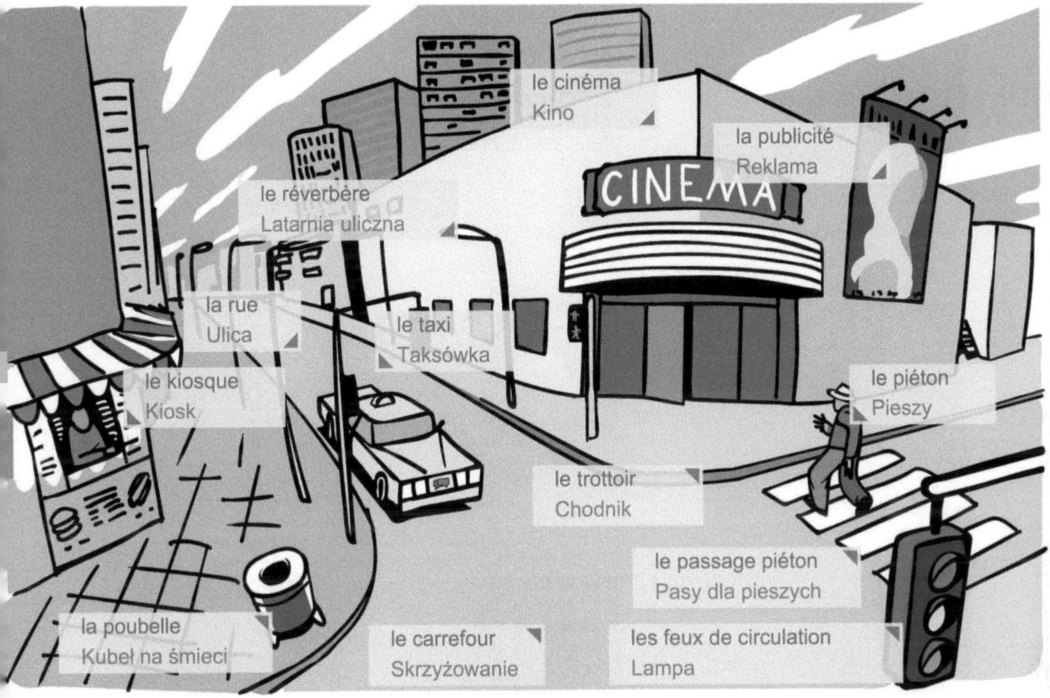

le cinéma
Kino

la publicité
Reklama

le réverbère
Latarnia uliczna

CINEMA

la rue
Ulica

le taxi
Taksówka

le kiosque
Kiosk

le piéton
Pieszy

le trottoir
Chodnik

le passage piéton
Pasy dla pieszych

la poubelle
Kubeł na śmieci

le carrefour
Skrzyżowanie

les feux de circulation
Lampa

la cabane

Chata

l'appartement

Mieszkanie

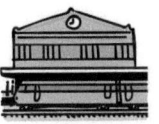

la gare

Dworzec

la mairie

Ratusz

le musée

Muzeum

l'école

Szkoła

la ville - Miasto

l'université

Uniwersytet

la banque

Bank

l'hôpital

Szpital

l'hôtel

Hotel

la pharmacie

Apteka

le bureau

Biuro

la librairie

Księgarnia

le magasin

Sklep

le fleuriste

Kwiaciarnia

le supermarché

Supermarket

le marché

Rynek

le grand magasin

Dom towarowy

la poissonnerie

Sklep z rybami

le centre commercial

Centrum handlowe

le port

Port

le parc

Park

la banque

Ławka

le pont

Most

les escaliers

Schody

le métro

Metro

le tunnel

Tunel

l'arrêt de bus

Przystanek autobusowy

le bar

Bar

le restaurant

Restauracja

la boîte à lettres

Skrzynka na listy

le panneau indicateur

Tabliczka z nazwą ulicy

le parcmètre

Parkometr

le zoo

Zoo

le réverbère

Łaźnia

la mosquée

Meczet

la ferme

Gospodarstwo chłopskie

la pollution

Zanieczyszczenie środowiska

la cimetière

Cmentarz

l'église

Kościół

l'aire de jeux

Plac zabaw

le temple

Świątynia

le paysage
Krajobraz

la feuille
Liść

le panneau indicateur
Drogowskaz

le chemin
Droga

le pré
Łąka

la pierre
Kamień

le randonneur
Wędrowiec

l'arbre
Drzewo

la rivière
Rzeka

l'herbe
Trawa

la fleur
Kwiat

la vallée
Dolina

la montagne
Góra

le lac
Jezioro

la forêt
Las

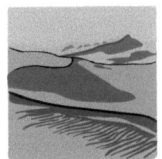

le désert
Pustynia

le volcan
Wulkan

le château
Zamek

l'arc-en-ciel
Tęcza

le champignon
Grzyb

le palmier
Palma

le moustique
Komar

la mouche
Mucha

les fourmis
Mrówka

l'abeille
Pszczoła

l'araignée
Pająk

le coléoptère

Chrząszcz

la grenouille

Żaba

l'écureuil

Wiewiórka

le hérisson

Jeż

le lièvre

Zając

la chouette

Sowa

l'oiseau

Ptak

le cygne

Łabędź

le sanglier

Dzik

le cerf

Jeleń

l'élan

Łoś

le barrage

Tama

l'éolienne

Wiatrak

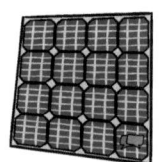

le panneau solaire

Moduł solarny

le climat

Klimat

le restaurant
Restauracja

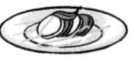

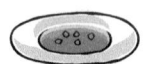

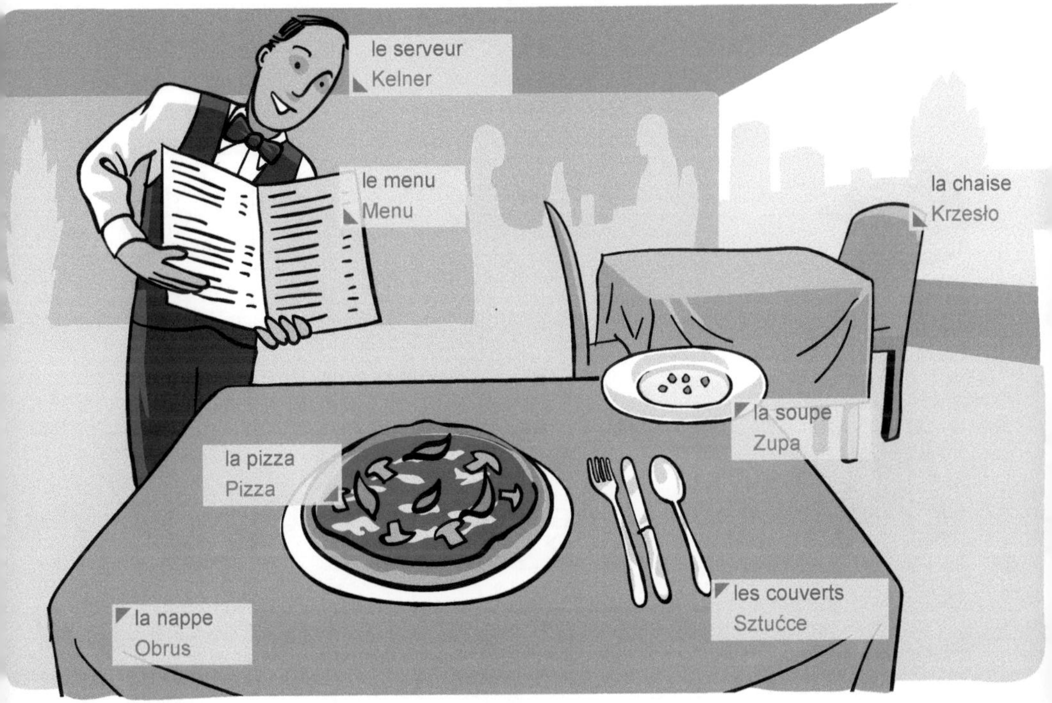
le serveur
Kelner
le menu
Menu
la chaise
Krzesło
la soupe
Zupa
la pizza
Pizza
les couverts
Sztućce
la nappe
Obrus

les hors d'œuvre

Przystawka

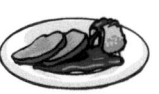

le plat principal

Danie główne

le dessert

Deser

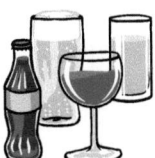

les boissons

Napoje

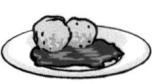

l'alimentation

Jedzenie

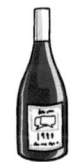

la bouteille

Butelka

le fast-food

Fastfood

les plats à emporter

Streetfood

la théière

Dzbanek na herbatę

le sucrier

Cukierniczka

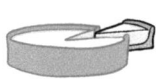

la portion

Porcja

la machine à expresso

Zaparzarka do espresso

la chaise haute

Krzesło dla dziecka

la facture

Rachunek

le plateau

Taca

le couteau

Nóż

la fourchette

Widelec

la cuillère

Łyżka

la cuillère à thé

Łyżeczka

la serviette

Serwetka

le verre

Szklanka

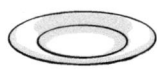

l'assiette

Talerz

l'assiette à soupe

Talerz do zupy

la soucoupe

Podstawek pod filiżankę

la sauce

Sos

la salière

Solniczka

le moulin à poivre

Młynek do pieprzu

le vinaigre

Ocet

l'huile

Olej

les épices

Przyprawy

le ketchup

Keczup

la moutarde

Musztarda

la mayonnaise

Majonez

le supermarché
Supermarket

l'offre promotionnelle
Oferta
FOR
le client
Klient
les produits laitiers
Produkty mleczne
les fruits
Owoce
le chariot
Wózek sklepowy

BUTCHERS

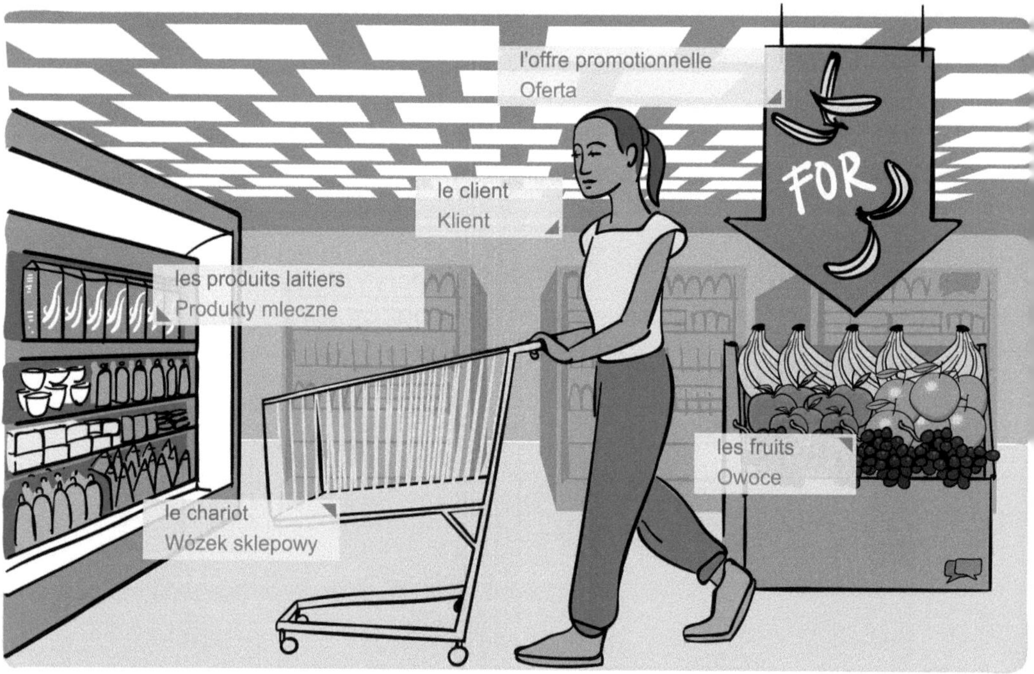

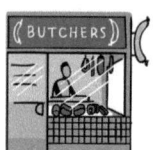

la boucherie

Rzeźnia

BAKERY

la boulangerie

Piekarnia

peser

ważyć

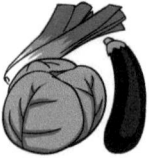

les légumes

Warzywa

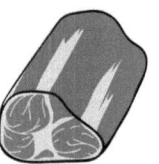

la viande

Mięso

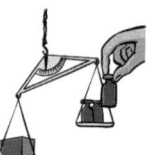

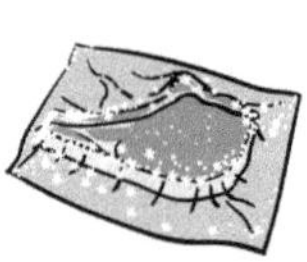

les aliments surgelés

Mrożonki

la charcuterie

Wędliny

les conserves

Konserwy

la poudre à lessive

Proszek m do prania

les bonbons

Słodycze

les articles ménagers

Artykuły użytku domowego

les détergents

Środek czyszczący

la vendeuse

Sprzedawczyni

la caisse

Kasa

le caissier

Kasjer

la liste d'achats

Lista zakupów

les heures d'ouverture

Godziny otwarcia

le portefeuille

Portfel

la carte de crédit

Karta kredytowa

le sac

Torba

le sac en plastique

Torebka plastikowa

Napoje

l'eau

Woda

le jus de fruit

Sok

le lait

Mleko

le coca

Cola

le vin

Wino

la bière

Piwo

l'alcool

Alkohol

le chocolat chaud

Kakao

le thé

Herbata

le café

Kawa

l'expresso

Espresso

le cappuccino

Cappuccino

la banane

Banan

la pomme

Jabłko

l'orange

Pomarańcza

le melon

Arbuz

le citron.

Cytryna

la carotte

Marchew

l'ail

Czosnek

le bambou

Bambus

l'oignon

Cebula

le champignon

Grzyb

les noisettes

Orzechy

les pâtes

Makaron

les spaghetti

Spaghetti

le riz

Ryż

la salade

Sałatka

les pommes frites

Frytki

les pommes de terre rôties

Ziemniaki pieczone

la pizza

Pizza

le hamburger

Hamburger

le sandwich

Kanapka

l'escalope

Sznycel

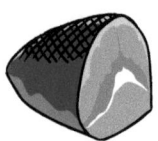

le jambon

Szynka

le salami

Salami

la saucisse

Kiełbasa

le poulet

Kura

le rôti

Pieczeń

le poisson

Ryba

les flocons d'avoine

Płatki owsiane

le muesli

Musli

les cornflakes

Płatki kukurydziane

la farine

Mąka

le croissant

Croissant

les petits-pains

Bułka

le pain

Chleb

le pain grillé

Toast

les biscuits

Ciastka

le beurre

Masło

le fromage blanc

Twarożek

le gâteau

Ciasto

l'œuf

Jajko

l'œuf au plat

Jajko sadzone

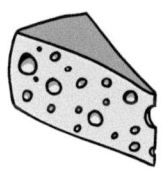

le fromage

Ser

la glace

Lody

le sucre

Cukier

le miel

Miód

la confiture

Marmolada

la crème nougat

Krem nugatowy

le curry

Curry

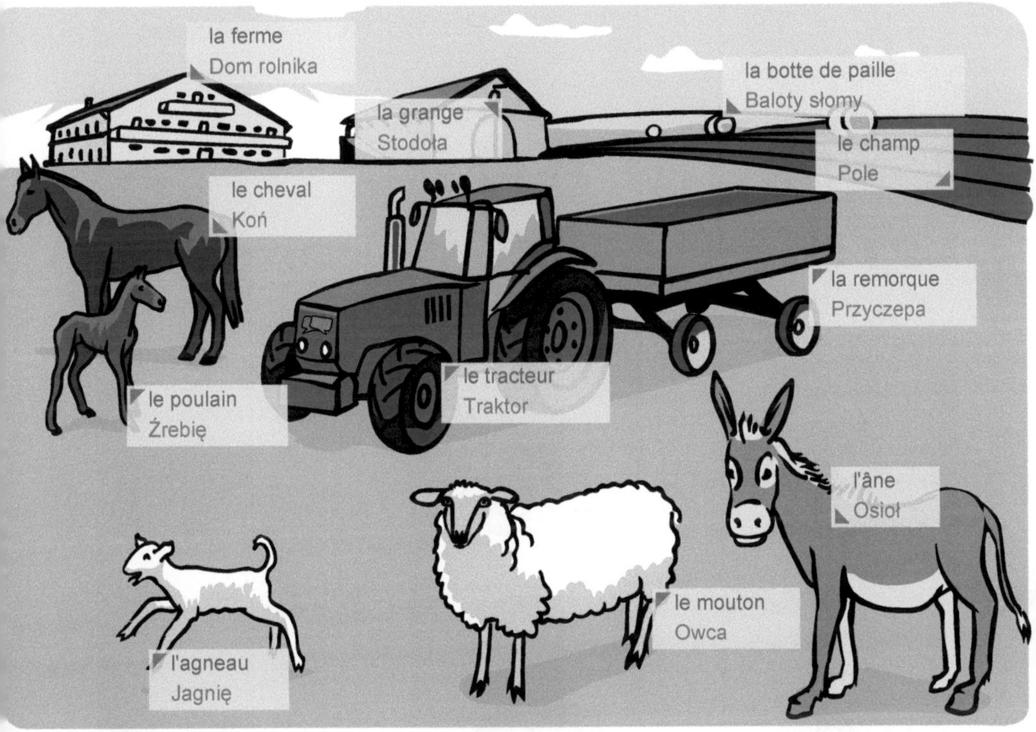

la ferme
Dom rolnika

la botte de paille
Baloty słomy

la grange
Stodoła

le champ
Pole

le cheval
Koń

la remorque
Przyczepa

le tracteur
Traktor

le poulain
Źrebię

l'âne
Osioł

l'agneau
Jagnię

le mouton
Owca

la chèvre
Koza

la vache
Krowa

le veau
Cielę

le porc
Świnia

le porcelet
Prosię

le taureau
Byk

l'oie

Gęś

le canard

Kaczka

le poussin

Kurczątko

la poule

Kura

le coq

Kogut

le rat

Szczur

le chat

Kot

la souris

Mysz

le bœuf

Osioł

le chien

Pies

le chenil

Buda dla psa

le tuyau de jardin

Wąż ogrodowy

l'arrosoir

Konewka

la faucheuse

Kosa

la charrue

Pług

la faucille

Sierp

la pioche

Graca

la fourche

Widły

la hache

Siekiera

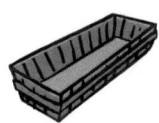

la brouette

Taczka

la cuve

Koryto

le pot à lait

Kanka na mleko

le sac

Worek

la clôture

Płot

l'étable

Stajnia

le serre

Szklarnia

le sol

Ziemia

les semences

Nasiona

l'engrais

Nawóz

la moissonneuse-batteuse

Kombajn zbożowy

récolter

zbierać

la récolte

Żniwa

l'igname

Podchrzyn

le blé

Pszenica

le soja

Soja

la pomme de terre

Ziemniak

le maïs

Kukurydza

le colza

Rzepak

l'arbre fruitier

Drzewo owocowe

le manioc

Maniok

les céréales

Zboże

la ferme - Gospodarstwo chłopskie

la maison
Dom

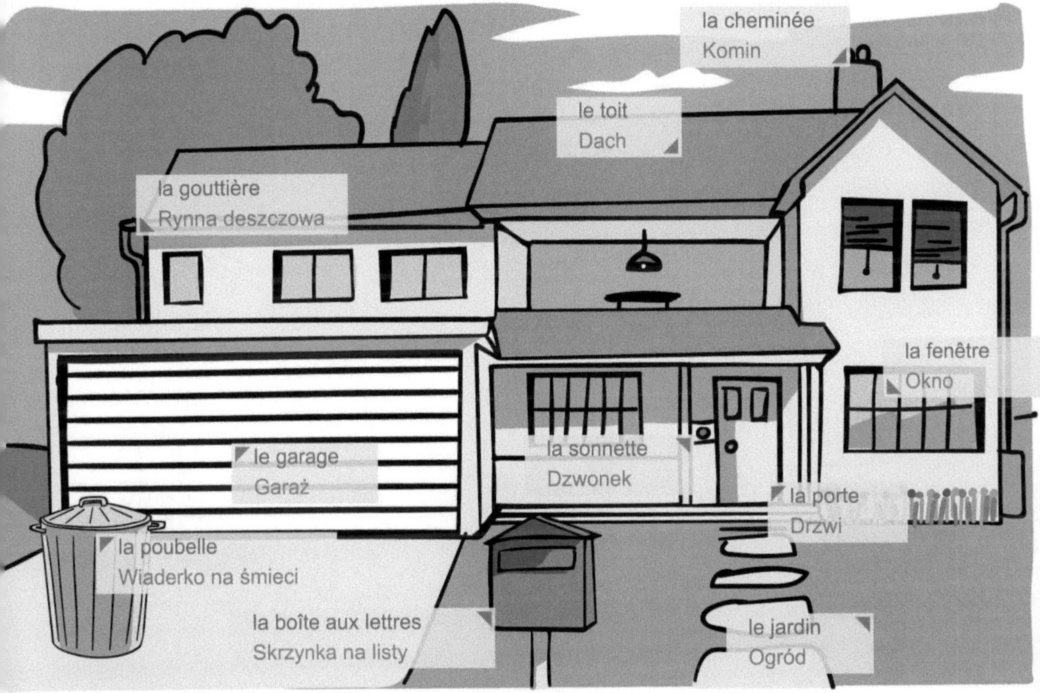
la cheminée
Komin
le toit
Dach
la gouttière
Rynna deszczowa
la fenêtre
Okno
le garage
Garaż
la sonnette
Dzwonek
la porte
Drzwi
la poubelle
Wiaderko na śmieci
la boîte aux lettres
Skrzynka na listy
le jardin
Ogród

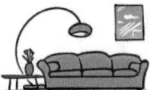

le salon

Pokój dzienny

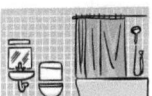

la salle de bain

Łazienka

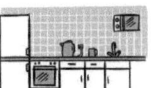

la cuisine

Kuchnia

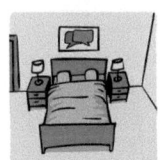

la chambre à coucher

Sypialnia

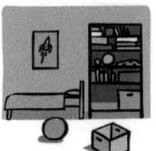

la chambre d'enfant

Pokój dziecięcy

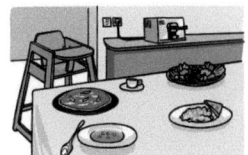

la salle à manger

Jadalnia

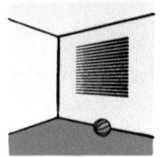

le sol

Ziemia

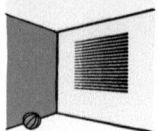

le mur

Ściana

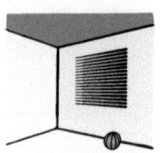

le plafond

Koc

la cave

Piwnica

le sauna

Sauna

le balcon

Balkon

la terrasse

Taras

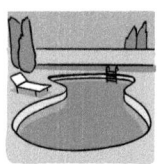

la piscine

Basen

la tondeuse à gazon

Kosiarka do trawy

la housse

Poszwa

la couette

Kołdra

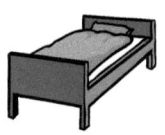

le lit

Łóżko

le balai

Miotła

le sceau

Wiadro

l'interrupteur

Włącznik

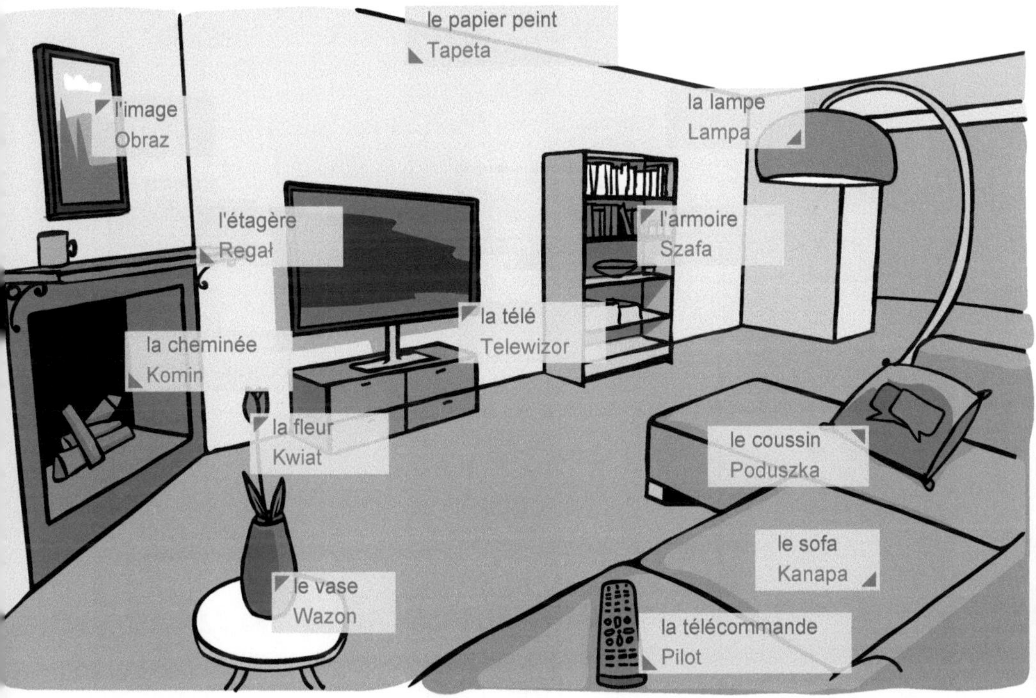

le papier peint
Tapeta

l'image
Obraz

la lampe
Lampa

l'étagère
Regał

l'armoire
Szafa

la télé
Telewizor

la cheminée
Komin

la fleur
Kwiat

le coussin
Poduszka

le sofa
Kanapa

le vase
Wazon

la télécommande
Pilot

le tapis

Dywan

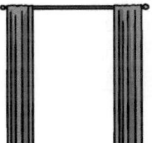

le rideau

Zasłona

la table

Stół

la chaise

Krzesło

la chaise à bascule

Bujak

le fauteuil

Fotel

le livre

Książka

la couverture

Sufit

la décoration

Dekoracja

le bois de chauffage

Drewno kominkowe

le film

Film

la chaîne hi-fi

Instalacja stereo

la clé

Klucz

le journal

Gazeta

la peinture

Malunek

le poster

Plakat

la radio

Radio

le bloc-notes

Notatnik

l'aspirateur

Odkurzacz

le cactus

Kaktus

la bougie

Świeczka

la cuisine
Kuchnia

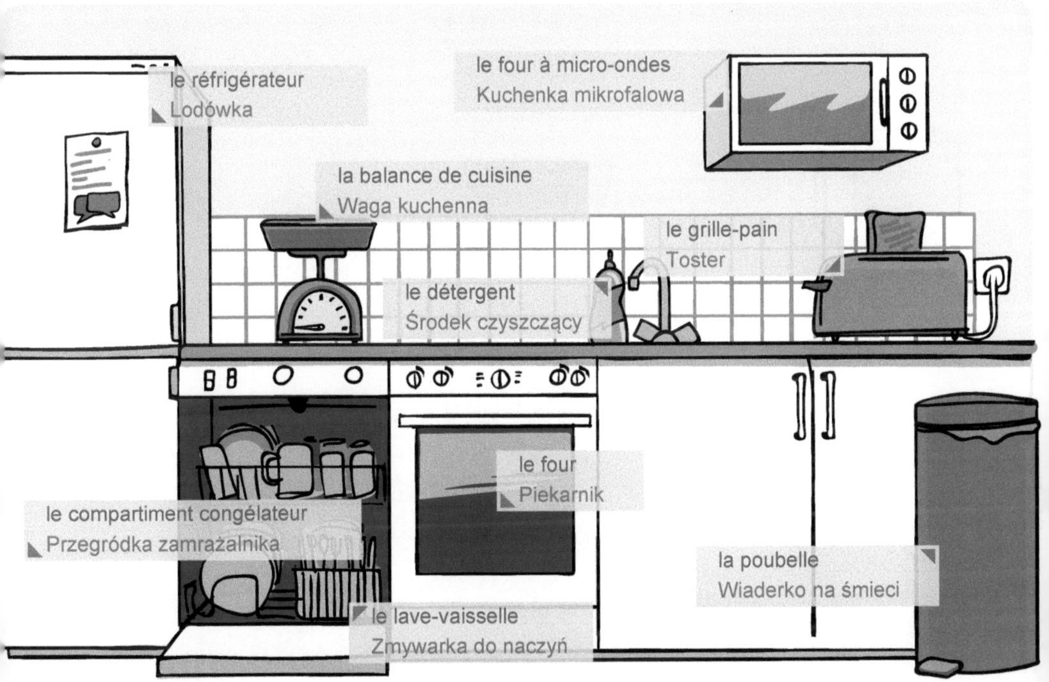

le réfrigérateur
Lodówka
le four à micro-ondes
Kuchenka mikrofalowa
la balance de cuisine
Waga kuchenna
le grille-pain
Toster
le détergent
Środek czyszczący
le four
Piekarnik
le compartiment congélateur
Przegródka zamrażalnika
la poubelle
Wiaderko na śmieci
le lave-vaisselle
Zmywarka do naczyń

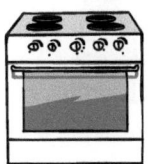

le four

Kuchenka

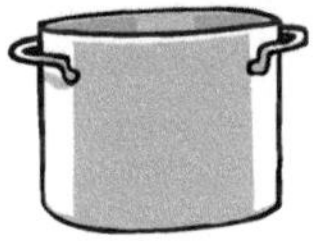

la casserole

Garnek

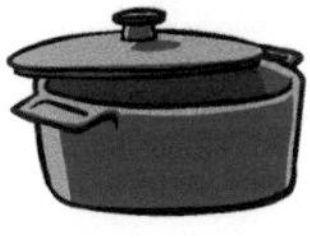

la marmite

Kocioł żeliwny

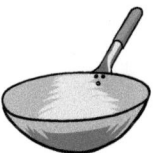

le wok / kadai

Wok / Kadai

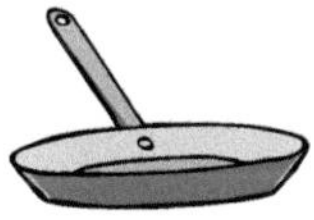

la poêle

Patelnia

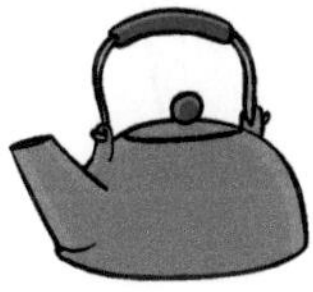

la bouilloire electrique

Czajnik

le cuiseur vapeur

Parowar

la plaque de cuisson

Blacha do pieczenia

la vaisselle

Naczynia kuchenne

le gobelet

Kubek

la coupe

Miska

les baguettes

Pałeczki

la louche

Nabierka

la spatule

Łopatka do smażenia

le fouet

Trzepaczka do śmietany

la passoire

Cedzak

le tamis

Sitko

la râpe

Tarka

le mortier

Moździerz

le barbecue

Grillowanie

la cheminée

Palenisko

la planche à découper

Deska

le rouleau à pâtisserie

Wałek do ciasta

le tire-bouchon

Korkociąg

la boîte

Puszka

l'ouvre-boîte

Otwieracz do puszek

les maniques

Ściereczka do trzymania garnka

le lavabo

Umywalka

la brosse

Szczotka

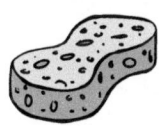

l'éponge

Gąbka

le mixeur

Mikser

le congélateur

Zamrażarka

le biberon

Butelka dla niemowlęcia

le robinet

Kran

la salle de bain
Łazienka

la douche
Prysznic
le chauffage
Ogrzewanie
la serviette
Ręcznik
le rideau de douche
Kotara prysznicowa
le bain moussant
Płyn do kąpieli
la baignoire
Wanna kąpielowa
le verre
Szklanka
la machine à laver
Pralka
le robinet
Kran
le carrelage
Kafelki
le pot
Nocnik
le lavabo
Umywalka

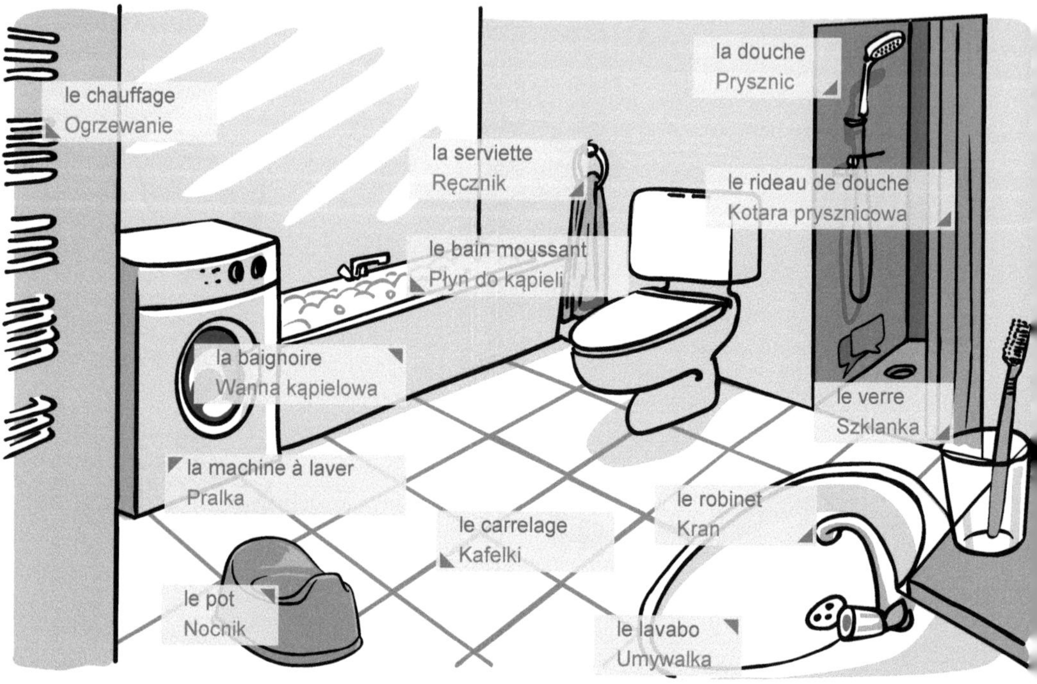

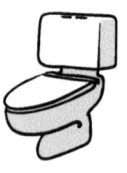

les toilettes

Toaleta

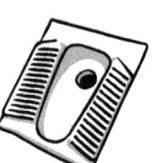

la toilette à la turque

Toaleta kuczna

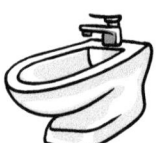

le bidet

Bidet

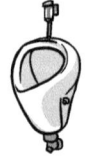

l'urinoir

Pisuar

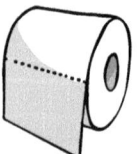

le papier toilette

Papier toaletowy

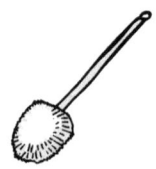

la brosse à toilette

Szczotka toaletowa

la brosse à dents

Szczoteczka do zębów

le dentifrice

Pasta do zębów

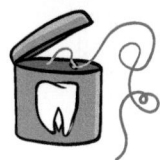

le fil dentaire

Nitki do czyszczenia zębów

laver

myć

la douche manuelle

Głowica prysznicowa

la douche intime

Płyn kąpielowy do higieny intymnej

la vasque

Miska do mycia

la brosse dorsale

Szczotka kąpielowa

le savon

Mydło

le gel douche

Żel prysznicowy

le shampooing

Szampon

le gant de toilette

Rękawica kąpielowa

l'écoulement

Odpływ

la crème

Krem

le déodorant

Dezodorant

le miroir

Lustro

le miroir cosmétique

Lustro kosmetyczne

le rasoir

Golarka

la mousse à raser

Pianka do golenia

l'après-rasage

Woda po goleniu

la peigne

Grzebień

la brosse

Szczotka

le sèche-cheveux

Suszarka do włosów

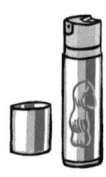

la laque pour cheveux

Spray do włosów

le fond de teint

Makijaż

le rouge à lèvres

Pomadka

le vernis à ongles

Lakier do paznokci

l'ouate

Wata

le coupe-ongles

Nożyczki do paznokci

le parfum

Perfum

la trousse de toilette

Kosmetyczka

le tabouret

Taboret

le pèse-personne

Waga

le peignoir

Szlafrok kąpielowy

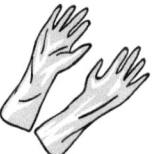

les gants de nettoyage

Rękawice gumowe

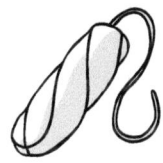

le tampon

Tampon

les serviettes hygiéniques

Podpaska damska

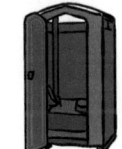

la toilette chimique

Toaleta chemiczna

la chambre d'enfant

Pokój dziecięcy

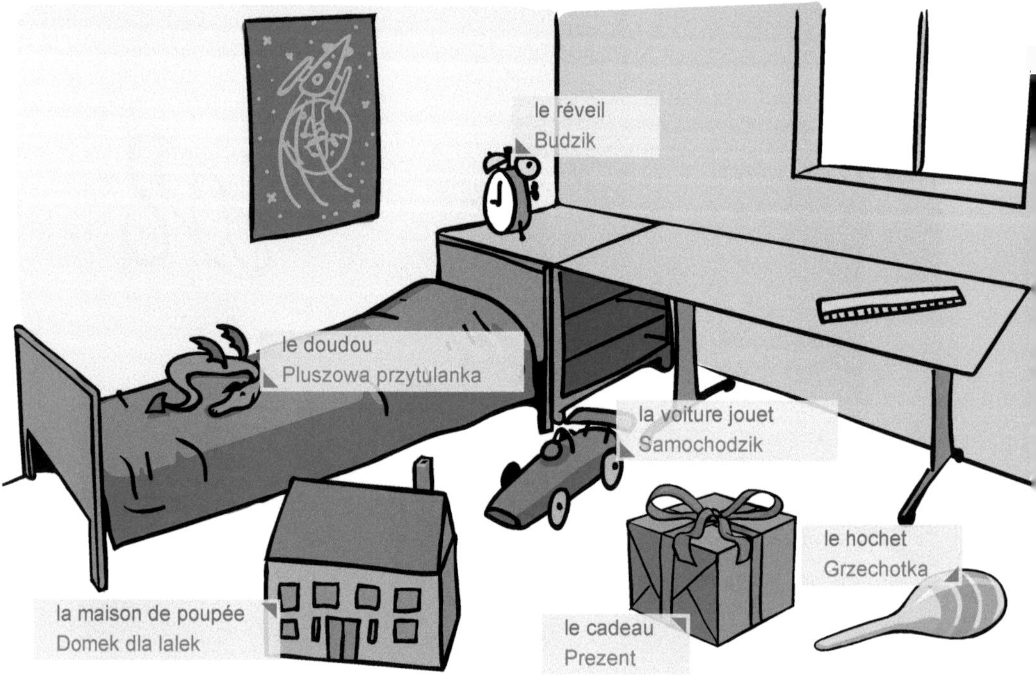
le réveil
Budzik
le doudou
Pluszowa przytulanka
la voiture jouet
Samochodzik
le hochet
Grzechotka
la maison de poupée
Domek dla lalek
le cadeau
Prezent

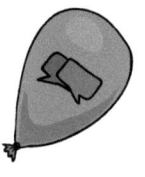

le ballon

Balon

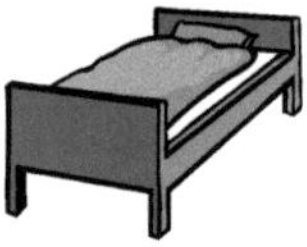

le lit

Łóżko

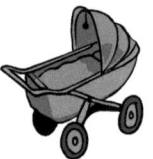

la poussette

Wózek dziecięcy

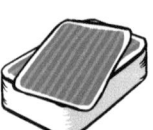

le jeu de cartes

Gra w karty

le puzzle

Puzzle

SUPER MEGA

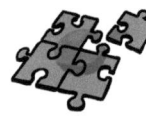

la bande dessinée

Komiks

les pièces lego

Klocki lego

les blocs de construction

Klocki

la figurine

Action figura

la grenouillère

Śpioszek dziecięcy

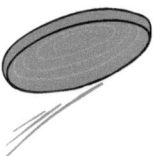

le frisbee

Frisbee

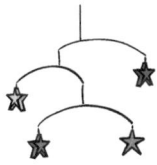

le mobile

Zabawki ruchome

le jeu de société

Gra planszowa

le dé

Kości

le train miniature

Kolejka elektryczna

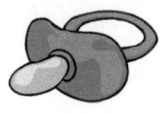

la sucette

Smoczek

la fête

Przyjęcie

le livre d'images

Książka z ilustracjami

la balle

Piłka

la poupée

Lalka

jouer

bawić się

le bac à sable

Piaskownica

la balançoire

Huśtawka

les jouets

Zabawki

la console de jeu

Konsola do gier

le tricycle

Rowerek trójkołowy

l'ours en peluche

Pluszowy miś

l'armoire

Szafa ubraniowa

les vêtements

Ubiór

les chaussettes

Skarpety

les bas

Pończochy

le collant

Rajstopy

l'écharpe
Szal

la ceinture
Pasek

le parapluie
Parasol

le t-shirt
T-Shirt

les bottes
Kozaki

les pantoufles
Pantofle domowe

les baskets
Obuwie sportowe

les sandales
....
Sandały

les chaussures
....
Buty

les bottes de caoutchouc
....
Kalosze

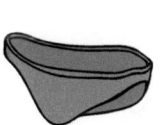

les sous-vêtements
....
Majtki

le soutien-gorge
....
Biustonosz

le maillot de corps
....
Podkoszulek

le body

Body

le pantalon

Spodnie

le jean

Dżins

la jupe

Spódnica

le chemisier

Bluzka

la chemise

Koszula

le pull

Pulower

le sweat à capuche

Bluza sportowa

la veste

Marynarka

la veste

Kurtka

le manteau

Płaszcz

l'imperméable

Płaszcz przeciwdeszczowy

le costume

Kostium

la robe

Sukienka

la robe de mariée

Suknia ślubna

le costume

Garnitur męski

la chemise de nuit

Koszula nocna

le pyjama

Piżama

le sari

Sari

le foulard

Chusta na głowę

le turban

Turban

la burqa

Burka

le caftan

Kaftan

l'abaya

Abaya

le maillot de bain

Strój kąpielowy

le maillot de bain

Kąpielówki

le short

Krótkie spodnie

la tenue d'entraînement

Dres sportowy

le tablier

Fartuch

les gants

Rękawiczki

le bouton

Guzik

les lunettes

Okulary

le bracelet

Bransoletka

le collier

Łańcuszek

la bague

Pierścionek

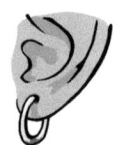

la boucle d'oreille

Kolczyk

le bonnet

Czapka

le cintre

Wieszak

le chapeau

Kapelusz

la cravate

Krawat

la fermeture éclair

Zamek błyskawiczny

le casque

Kask

les bretelles

Szelki

l'uniforme scolaire

Mundurek szkolny

l'uniforme

Mundur

le bavoir

Śliniaczek

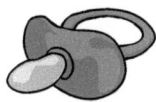

la sucette

Smoczek

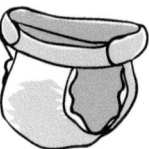

la lange

Pieluszka

le bureau
Biuro

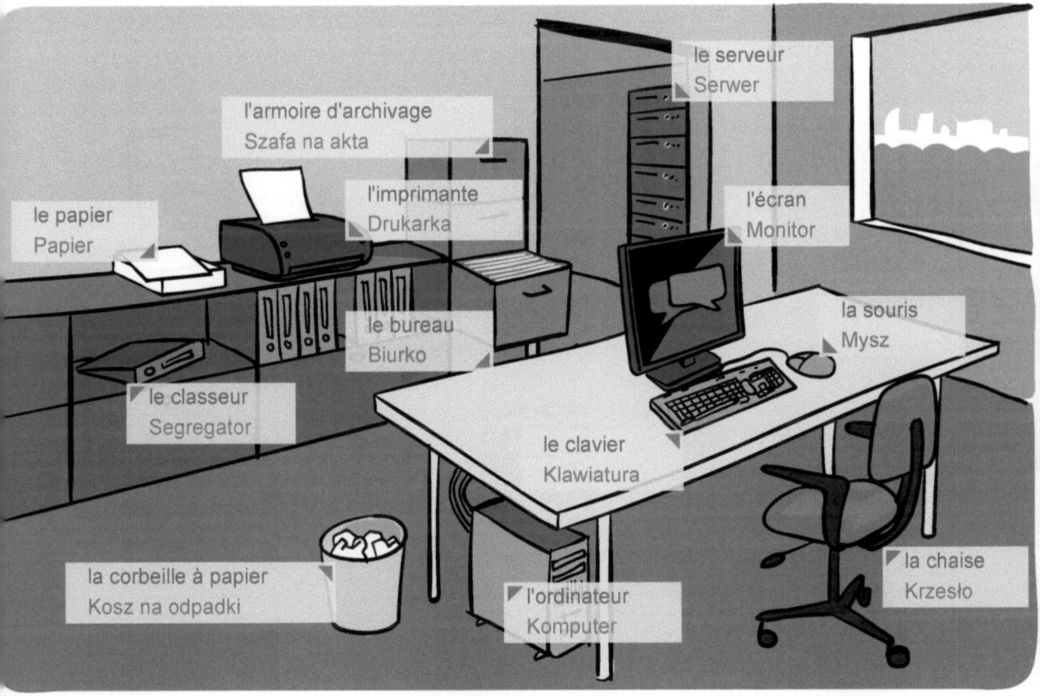

le serveur
Serwer

l'armoire d'archivage
Szafa na akta

l'imprimante
Drukarka

l'écran
Monitor

le papier
Papier

le bureau
Biurko

la souris
Mysz

le classeur
Segregator

le clavier
Klawiatura

la corbeille à papier
Kosz na odpadki

l'ordinateur
Komputer

la chaise
Krzesło

la tasse de café

Filiżanka do kawy

la calculatrice

Kalkulator

l'internet

Internet

l'ordinateur portable

Laptop

la lettre

List

le message

Wiadomość

le portable

Komórka

le réseau

Sieć

la photocopieuse

Kopiarka

le logiciel

Oprogramowanie

le téléphone

Telefon

la prise

Gniazdko

le fax

Faks

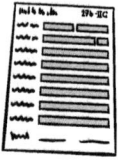

le formulaire

Formularz

le document

Dokument

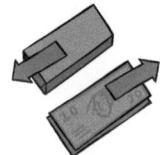

acheter

kupić

payer

płacić

faire du commerce

postępować

la monnaie

Pieniądze

le dollar

Dolar

l'euro

Euro

le yen

Jen

le rouble

Rubel

le franc suisse

Frank

le renminbi yuan

Juan Renminbi

la roupie

Rupia

le distributeur automatique

Bankomat

le bureau de change

Kantor wymiany walut

l'or

Złoto

l'argent

Srebro

le pétrole

Olej

l'énergie

Energia

le prix

Cena

le contrat

Umowa

la taxe

Podatek

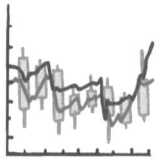

l'action

Akcja

travailler

pracować

l'employé

Pracownik umysłowy

l'employeur

Pracodawca

l'usine

Fabryka

le magasin

Sklep

les professions
Zawody

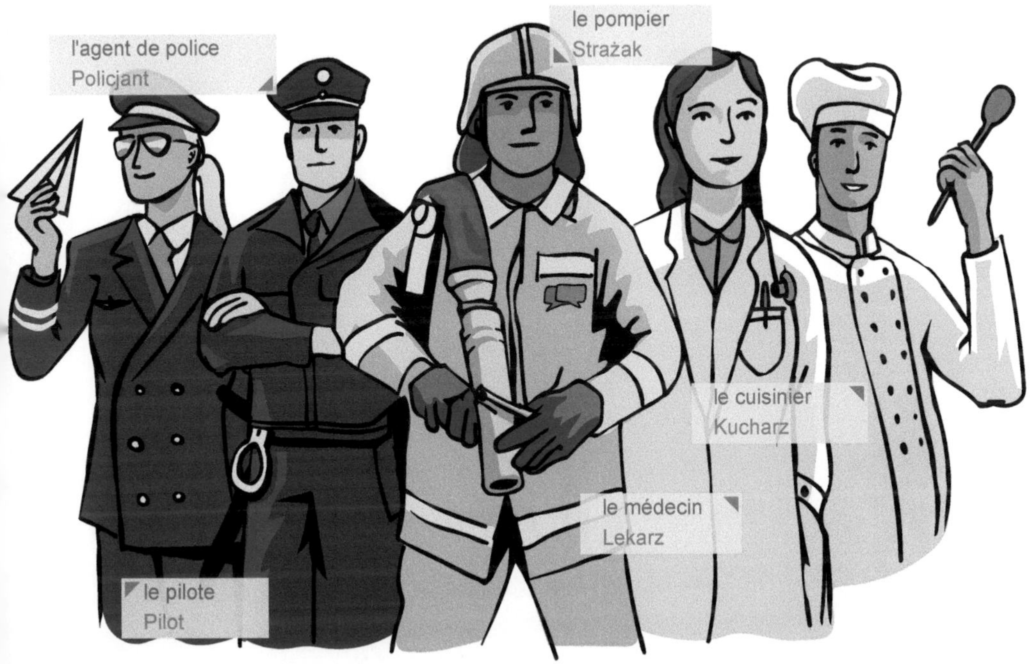
l'agent de police
Policjant
le pompier
Strażak
le cuisinier
Kucharz
le médecin
Lekarz
le pilote
Pilot

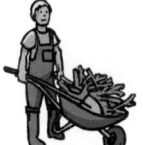

le jardinier

Ogrodnik

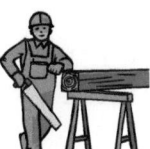

le menuisier

Stolarz

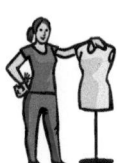

la couturière

Krawcowa

le juge

Sędzia

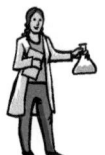

le chimiste

Chemik

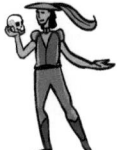

l'acteur

Aktor

le conducteur de bus

Kierowca autobusu

le chauffeur de taxi

Taksówkarz

le pêcheur

Fischer

la femme de ménage

Sprzątaczka

le couvreur

Dekarz

le serveur

Kelner

le chasseur

Myśliwy

le peintre

Malarz

le boulanger

Piekarz

l'électricien

Elektryk

l'ouvrier

Robotnik budowlany

l'ingénieur

Inżynier

le boucher

Rzeźnik

le plombier

Instalator

le facteur

Listonosz

le soldat

Żołnierz

l'architecte

Architekt

le caissier

Kasjer

le fleuriste

Florysta

le coiffeur

Fryzjer

le contrôleur

Konduktor

le mécanicien

Mechanik

le capitaine

Kapitan

le dentiste

Dentysta

le scientifique

Naukowiec

le rabbin

Rabin

l'imam

Imam

le moine

Mnich

le prêtre

Proboszcz

les outils

Narzędzia

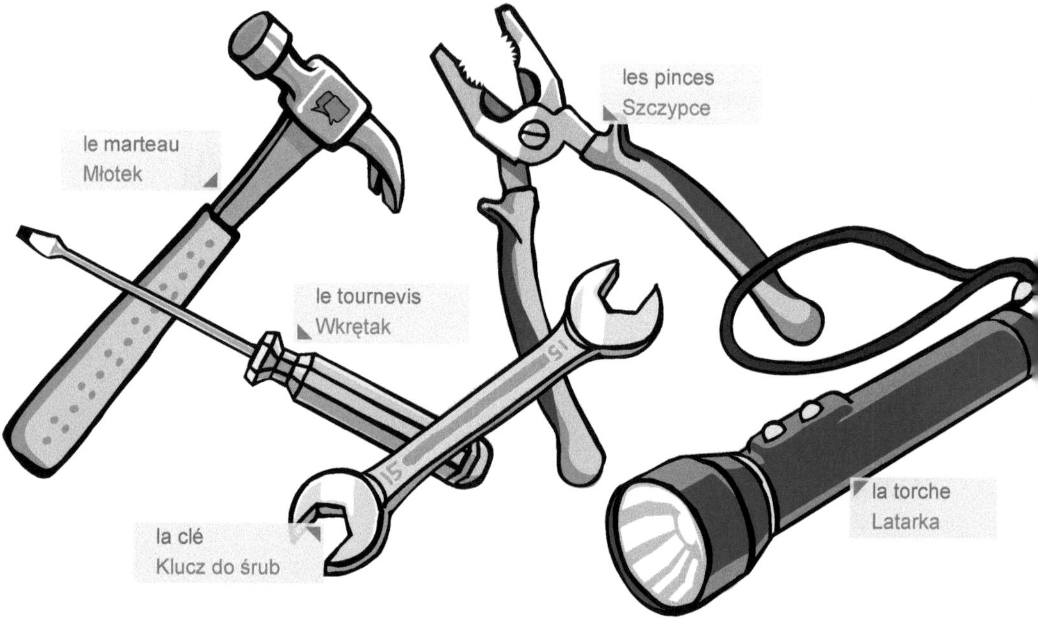
le marteau
Młotek
les pinces
Szczypce
le tournevis
Wkrętak
la clé
Klucz do śrub
la torche
Latarka

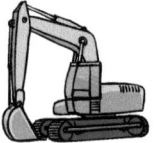

la pelleteuse

Koparka

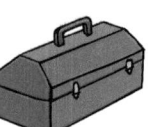

la boîte à outils

Skrzynka narzędziowa

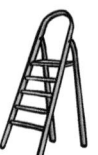

l'échelle

Drabina

la scie

Piła

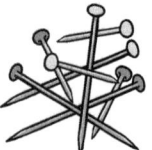

les clous

Gwoździe

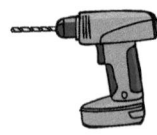

la perceuse

Wiertło

réparer

naprawić

la pelle

Łopatka

Mince !

Cholera!

la pelle

Szufelka

le pot de peinture

Puszka z farbą

les vis

Śruby

les instruments de musique
Instrumenty muzyczne

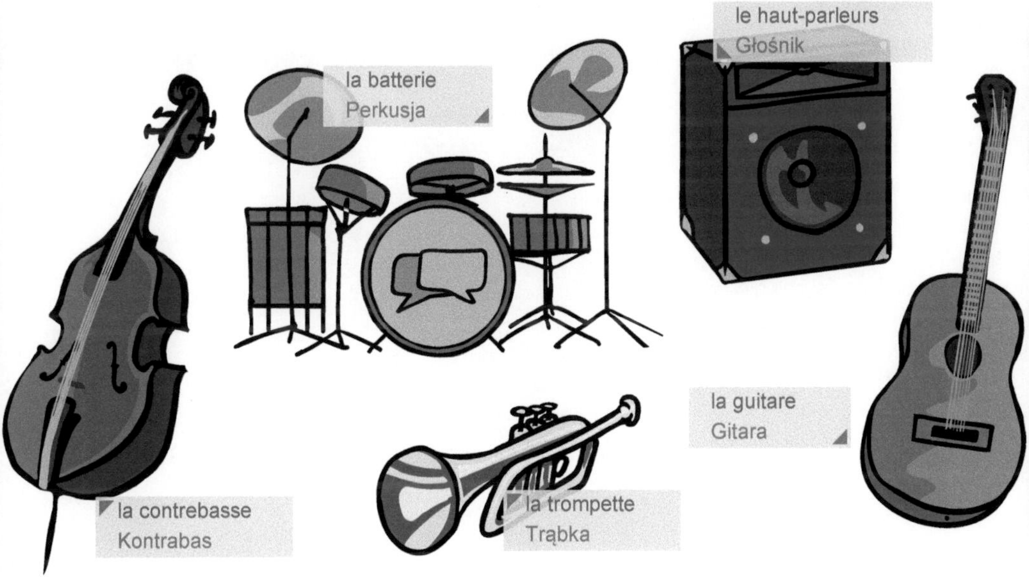

le haut-parleurs
Głośnik

la batterie
Perkusja

la guitare
Gitara

la contrebasse
Kontrabas

la trompette
Trąbka

le piano

Pianino

le violon

Skrzypce

la basse

Bas

les timbales

Kotły

le tambour

Bęben

le piano électrique

Keyboard

le saxophone

Saksofon

la flûte

Flet

le microphone

Mikrofon

le tigre
Tygrys

l'entrée
Wejście

la cage
Klatka

le zèbre
Zebra

l'alimentation animale
Pasza

le panda
Panda

les animaux
Zwierzęta

l'éléphant
Słoń

le kangourou
Kangur

le rhinocéros
Nosorożec

le gorille
Goryl

l'ours
Niedźwiedź

le chameau

Wielbłąd

l'autruche

Struś

le lion

Lew

le singe

Małpa

le flamand rose

Fleming

le perroquet

Papuga

l'ours polaire

Niedźwiedź polarny

le pingouin

Pingwin

le requin

Rekin

le paon

Paw

le serpent

Wąż

le crocodile

Krokodyl

le gardien de zoo

Dozorca w zoo

le phoque

Foka

le jaguar

Jaguar

le poney

Kucyk

le léopard

Gepard

l'hippopotame

Hipopotam

la girafe

Żyrafa

l'aigle

Orzeł

le sanglier

Dzik

le poisson

Ryba

la tortue

Żółw

le morse

Mors

le renard

Lis

la gazelle

Gazela

l'american Football
Futbol amerykański

le cyclisme
Kolarstwo

le tennis
Tenis

le basket-ball
Koszykówka

la natation
Pływanie

la boxe
Boks

le hockey sur glace
Hokej na lodzie

le football
Piłka nożna

le badminton
Badminton

l'athlétisme
Lekka atletyka

le handball
Piłka ręczna

le ski
Narciarstwo

le polo
Polo

les activités
Działania

rire
śmiać się
sauter
skakać
embrasser
objąć
marcher
iść
chanter
śpiewać
rêver
marzyć
prier
modlić się
faire la bise
całować

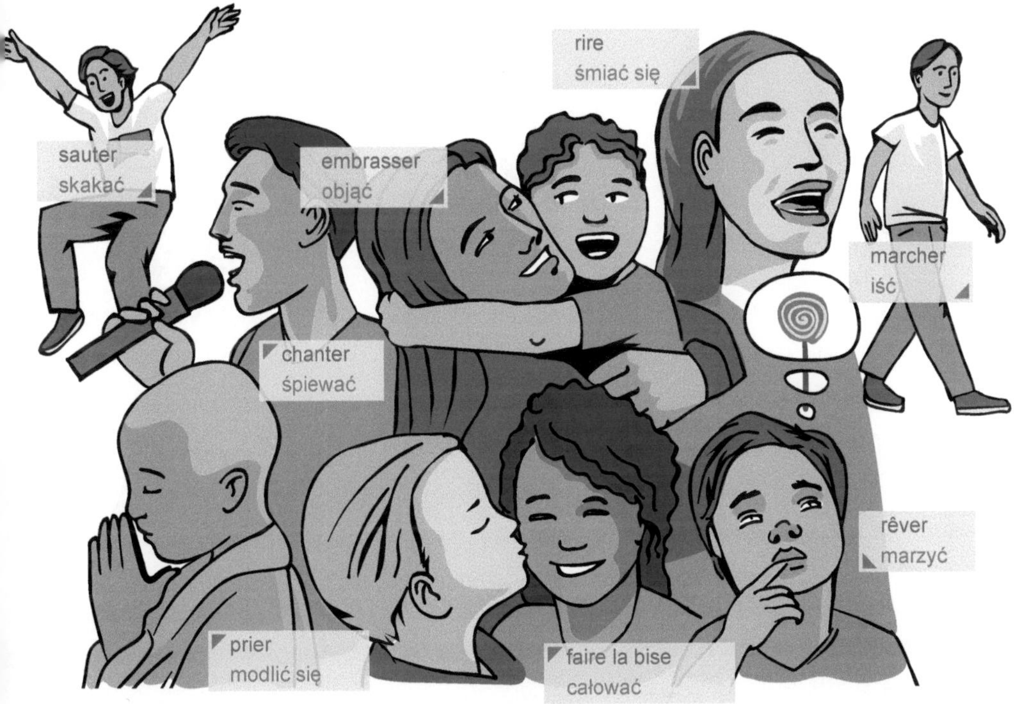

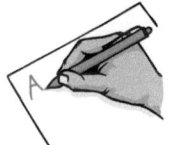

écrire

pisać

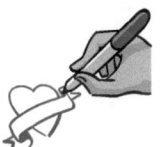

dessiner

rysować

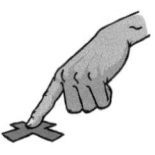

montrer

pokazywać

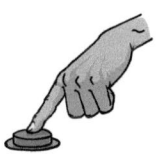

pousser

nacisnąć

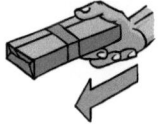

donner

dać

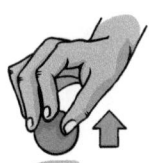

prendre

wziąć

avoir	faire	être
mieć	robić	być

être debout	courir	trier
stać	biegać	ciągnąć

jeter	tomber	être couché
rzucać	spaść	leżeć

attendre	porter	être assis
czekać	nosić	siedzieć

s'habiller	dormir	se réveiller
zakładać	spać	budzić się

regarder

spojrzeć

pleurer

płakać

caresser

głaskać

peigner

czesać się

parler

mówić

comprendre

rozumieć

demander

pytać

écouter

słyszeć

boire

pić

manger

jeść

ranger

sprzątać

aimer

kochać

cuire

gotować

conduire

jechać

voler

latać

les activités - Działania

faire de la voile

żeglować

calculer

liczyć

lire

czytać

apprendre

uczyć się

travailler

pracować

se marier

wejść w związek małżeński

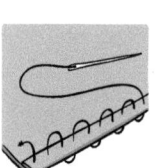

coudre

szyć

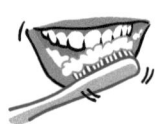

brosser les dents

myć zęby

tuer

zabić

fumer

palić tytoń

envoyer

wysłać

la famille
Rodzina

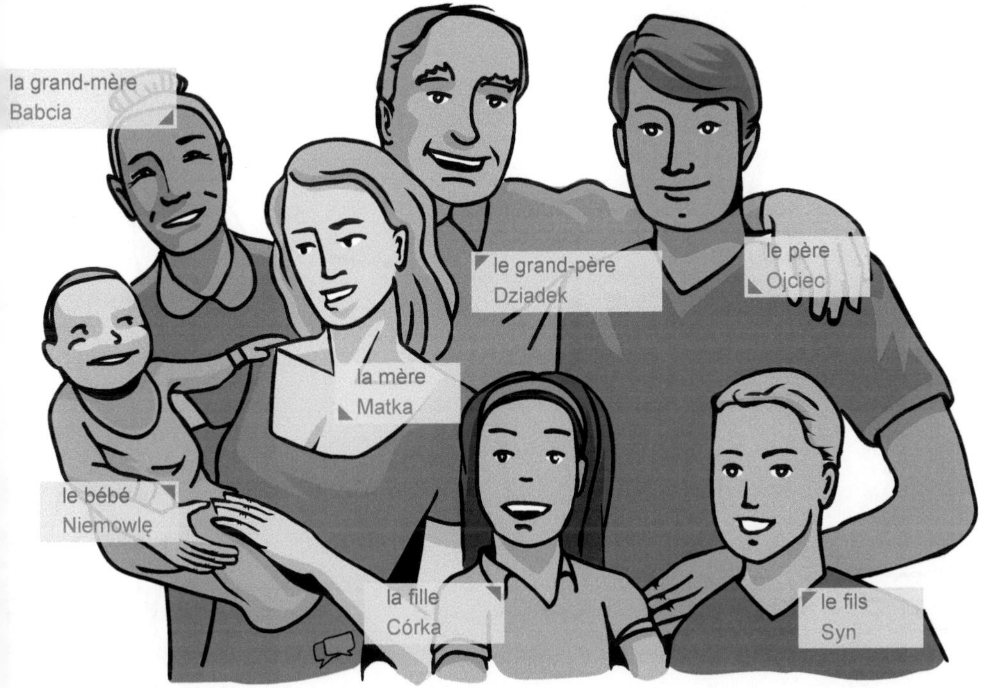

la grand-mère
Babcia
le grand-père
Dziadek
le père
Ojciec
la mère
Matka
le bébé
Niemowlę
la fille
Córka
le fils
Syn

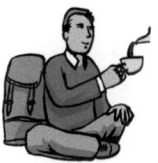

l'hôte

Gość

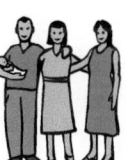

la tante

Ciotka

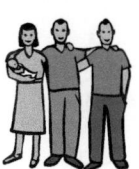

l'oncle

Wujek

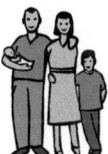

le frère

Brat

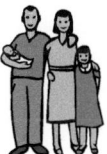

la sœur

Siostra

le corps

Ciało

le front
Czoło
l'œil
Oko
l'épaule
Ramię
le doigt
Palec
le visage
Twarz
le menton
Broda
la main
Ręka
la jambe
Noga
la poitrine
Pierś
le bras
Ramię

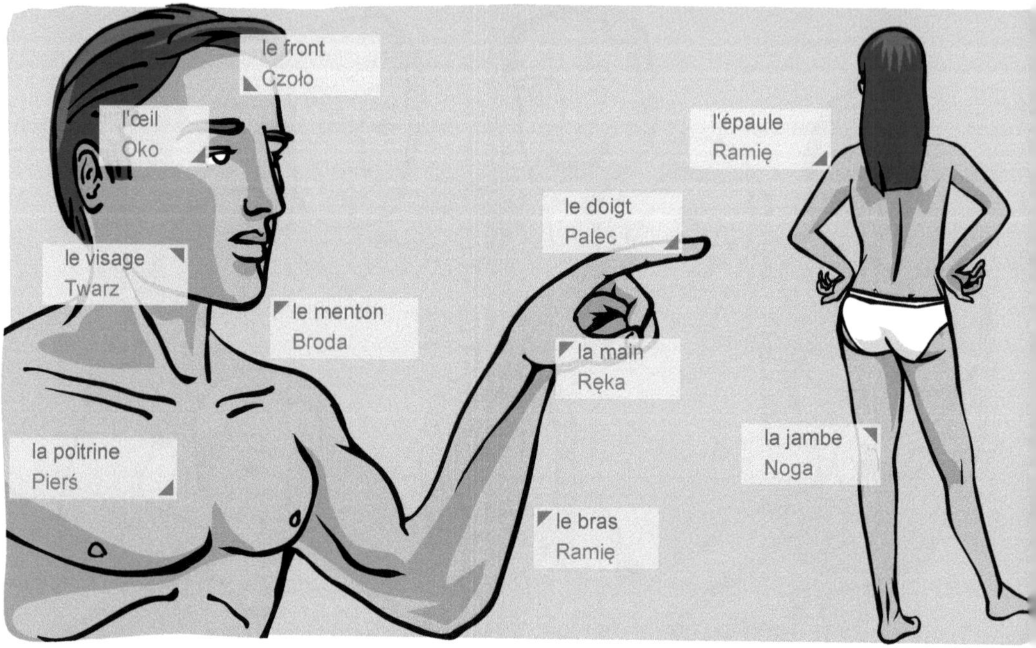

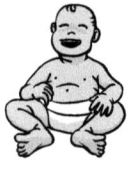

le bébé

Niemowlę

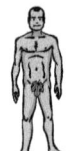

l'homme

Mężczyzna

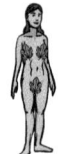

la femme

Kobieta

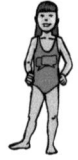

la fille

Dziewczyna

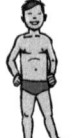

le garçon

Chłopiec

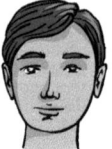

la tête

Głowa

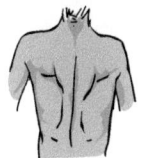

le dos

Plecy

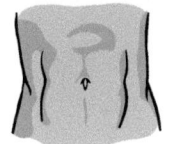

le ventre

Brzuch

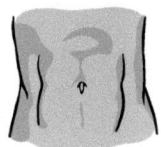

le nombril

Pępek

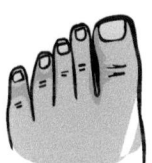

l'orteil

palec nogi

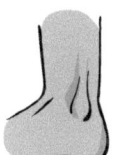

le talon

Pięta

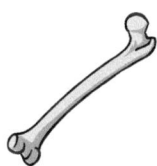

l'os

Kość

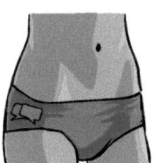

la hanche

Biodro

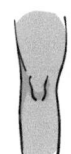

le genou

Kolano

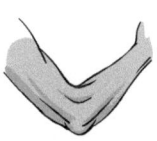

le coude

Łokieć

le nez

Nos

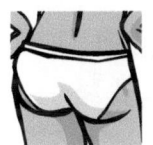

les fesses

Pośladki

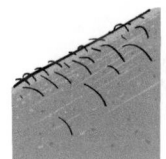

la peau

Skóra

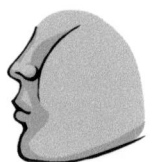

la joue

Policzek

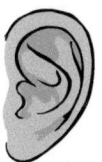

l'oreille

Uszy

la lèvre

Warga

la bouche

Usta

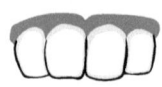

la dent

Ząb

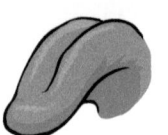

la langue

Język

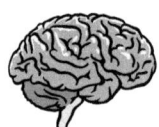

le cerveau

Mózg

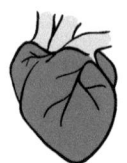

le cœur

Serce

le muscle

Mięsień

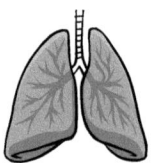

les poumons

Płuca

le foie

Wątroba

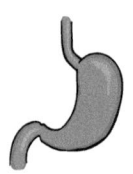

l'estomac

Żołądek

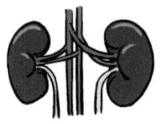

les reins

Nerki

le rapport sexuel

Stosunek płciowy

le préservatif

Kondom

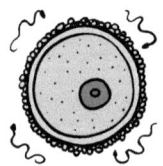

l'ovule

Komórka jajowa

le sperme

Sperma

la grossesse

Ciąża

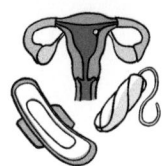

la menstruation

Menstruacja

le vagin

Wagina

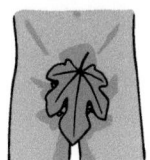

le pénis

Penis

le sourcil

Brew

les cheveux

Włosy

le cou

Szyja

l'hôpital
Szpital

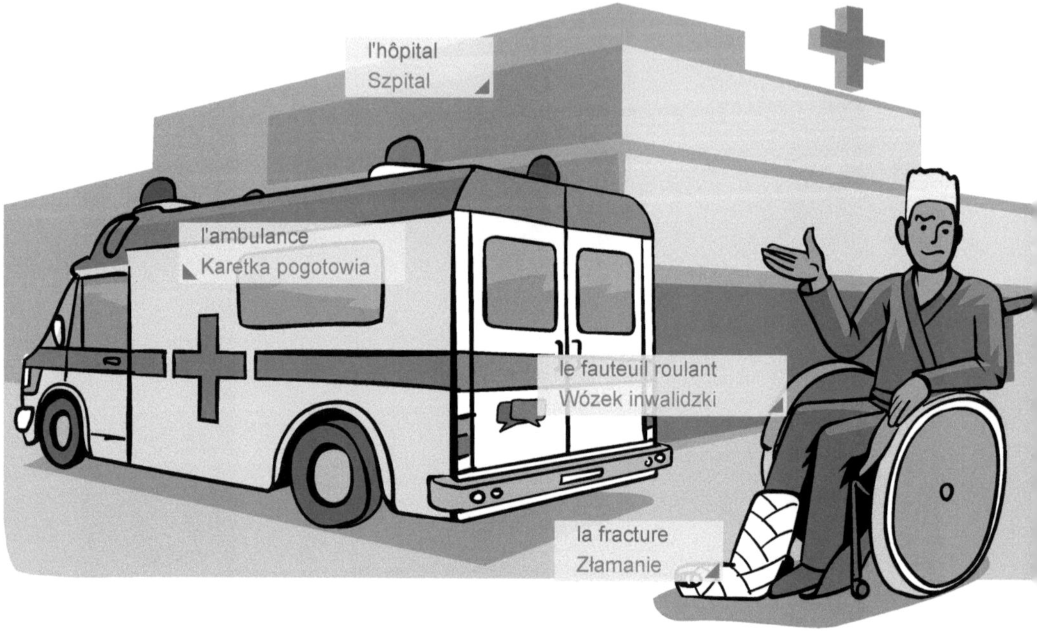

l'hôpital
Szpital
l'ambulance
Karetka pogotowia
le fauteuil roulant
Wózek inwalidzki
la fracture
Złamanie

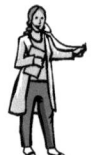

le médecin

Lekarz

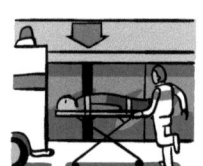

le service des urgences

Izba przyjęć

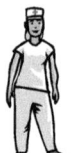

l'infirmière

Pielęgniarka

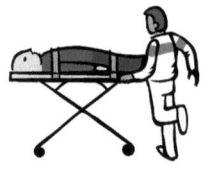

l'urgence

Nagły przypadek

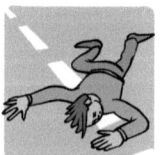

inconscient

nieprzytomny

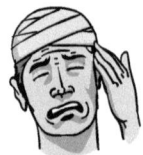

la douleur

Ból

la blessure

Skaleczenie

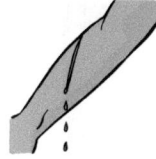

l'hémorragie

Krwawienie

la crise cardiaque

Zawał serca

l'attaque cérébrale

Udar mózgu

l'allergie

Alergia

la toux

Kaszleć

la fièvre

Gorączka

la grippe

Grypa

la diarrhée

Biegunka

le mal de tête

Ból głowy

le cancer

Rak

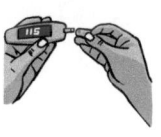

le diabète

Cukrzyca

le chirurgien

Chirurg

le scalpel

Skalpel

l'opération

Operacja

le CT

CT

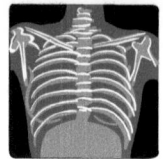

la radiographie

Rentgen

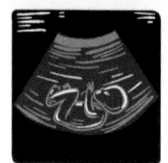

l'échographie

Ultradźwięki

le masque

Maska

la maladie

Choroba

la salle d'attente

Poczekalnia

la béquille

Kula

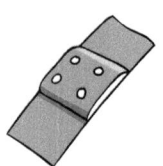

le pansement

Plaster

le pansement

Opatrunek

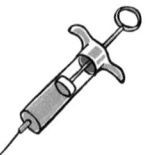

l'injection

Iniekcja

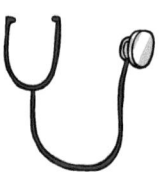

le stéthoscope

Stetoskop

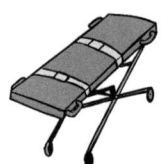

le brancard

Nosze

le thermomètre

Termometr

l'accouchement

Poród

la surcharge pondérale

Nadwaga

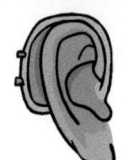

l'appareil auditif

Aparat słuchowy

le désinfectant

Środek dezynfekcyjny

l'infection

Infekcja

le virus

Wirus

le VIH / le sida

HIV / AIDS

le médicament

Medycyna

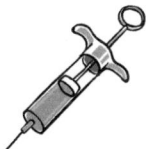

la vaccination

Szczepienie

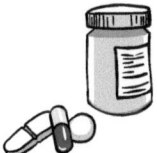

les comprimés

Tabletki

la pilule

Pigułka

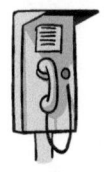

l'appel d'urgence

Telefon ratunkowy

le tensiomètre

Ciśnieniomierz krwi

malade / sain

chory / zdrowy

l'alarme

Alarm

l'assaut

Napad

Au secours !

Pomocy!

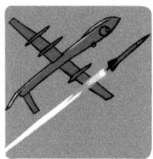

l'attaque

Atak

le danger

Niebezpieczeństwo

la sortie de secours

Wyjście awaryjne

l'extincteur

Gaśnica

l'accident

Wypadek

Au feu!

Pożar!

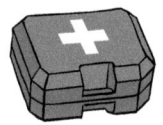

la trousse de premier secours

Walizeczka pierwszej pomocy

SOS

SOS

la police

Policja

l'Europe

Europa

l'Amérique du Nord

Ameryka Północna

l'Amérique du Sud

Ameryka Południowa

l'Afrique

Afryka

l'Asie

Azja

l'Australie

Australia

l'Océan atlantique

Atlantyk

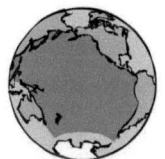

l'Océan pacifique

Pacyfik

l'Océan indien

Ocean Indyjski

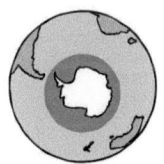

l'Océan antarctique

Ocean Antarktyczny

l'Océan arctique

Ocean Arktyczny

le Pôle nord

Biegun północny

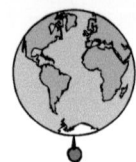

le Pôle sud

Biegun południowy

l'Antarctique

Antarktyda

la terre

Ziemia

le pays

Kraj

la mer

Morze

l'île

Wyspa

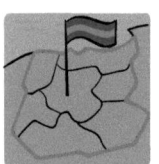

la nation

Naród

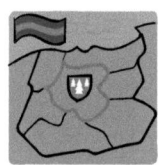

l'état

Państwo

le cadran

Cyferblat

l'aiguille des heures

Wskazówka godzinowa

l'aiguille des minutes

Wskazówka minutowa

l'aiguille des secondes

Wskazówka sekundowa

Quelle heure est-il ?

Która godzina?

le jour

Dzień

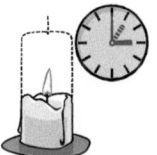

le temps

Czas

maintenant

teraz

la montre digitale

Zegarek digitalny

la minute

Minuta

l'heure

Godzina

la semaine
Tydzień

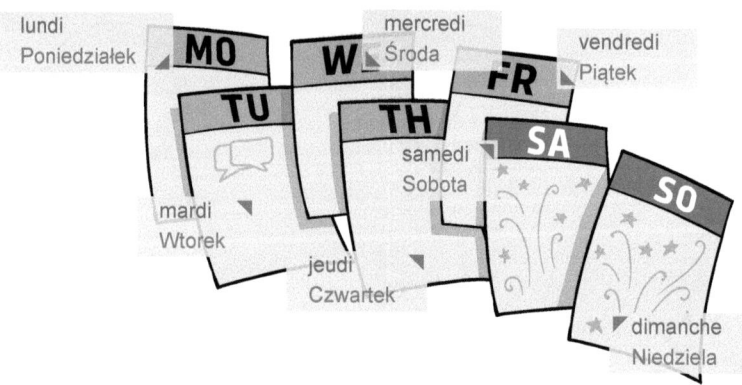

lundi
Poniedziałek

mardi
Wtorek

mercredi
Środa

jeudi
Czwartek

vendredi
Piątek

samedi
Sobota

dimanche
Niedziela

hier

wczoraj

aujourd'hui

dzisiaj

demain

jutro

le matin

Rano

le midi

Południe

le soir

Wieczór

les jours ouvrables

Dni robocze

le week-end

Weekend

l'année
Rok

la pluie
Deszcz
l'arc-en-ciel
Tęcza
la neige
Śnieg
le vent
Wiatr
le printemps
Wiosna
l'automne
Jesień
l'été
Lato
l'hiver
Zima

4.APRIL 11°
5.APRIL 4°
6.APRIL 13°
7.APRIL 8°
8.APRIL 10°

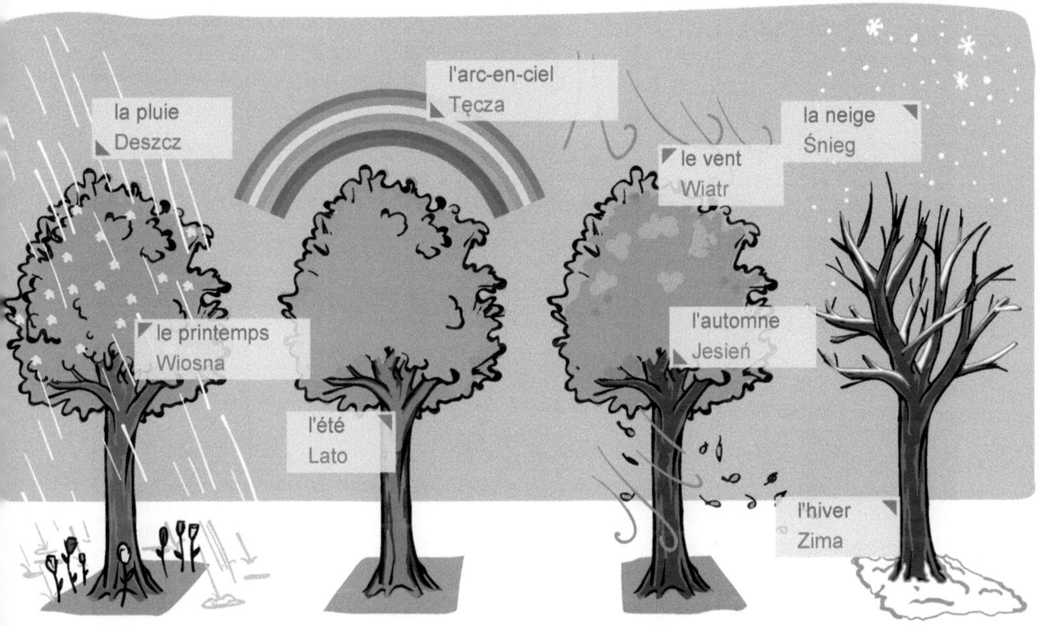

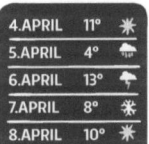

la météo

Prognoza pogody

F C
120 40
90 30
60 20
30 10
0 0
-30 -10
-20

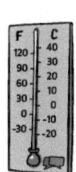

le thermomètre

Termometr

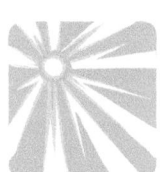

la lumière du soleil

Światło słoneczne

le nuage

Chmura

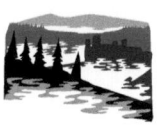

le brouillard

Mgła

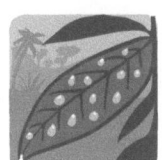

l'humidité

Wilgotność powietrza

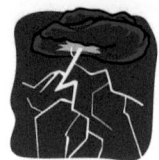

la foudre

Błyskawica

la tonnerre

Grzmot

la tempête

Sztorm

la grêle

Grad

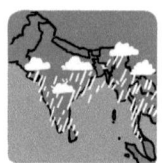

la mousson

Monsun

l'inondation

Potop

la glace

Lód

janvier

Styczeń

février

Luty

mars

Marzec

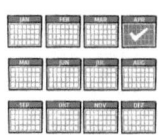

avril

Kwiecień

mai

Maj

juin

Czerwiec

juillet

Lipiec

août

Sierpień

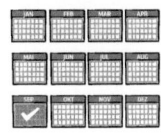

septembre

Wrzesień

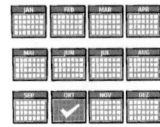

octobre

Październik

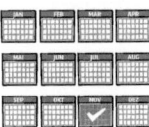

novembre

Listopad

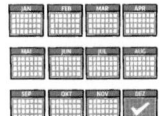

décembre

Grudzień

les formes
Kształty

le cercle

Koło

le carré

Kwadrat

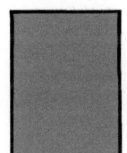

le rectangle

Prostokąt

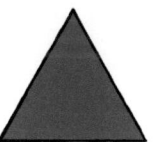

le triangle

Trójkąt

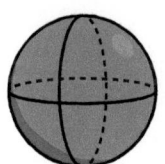

la sphère

Kula

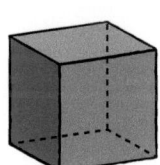

le cube

Sześcian

blanc

biały

jaune

żółty

orange

pomarańczowy

rose

różowy

rouge

czerwony

violet

liliowy

bleu

niebieski

vert

zielony

marron

brązowy

gris

szary

noir

czarny

beaucoup / peu
....
dużo / mało

fâché / calme
....
wściekły / spokojny

joli / laid
....
piękny / brzydki

le début / la fin
....
początek / koniec

grand / petit
....
duży / mały

clair / obscure
....
jasny / ciemny

frère / soeur
....
brat / siostra

propre / sale
....
czysty / brudny

complet / incomplet
....
kompletny / niekompletny

le jour / la nuit
....
dzień / noc

mort / vivant
....
umarły / żywy

large / étroit
....
szeroki / wąski

comestible / incomestible

jadalny / niejadalny

méchant / gentil

zły / uprzejmy

excité / ennuyé

podniecony / znudzony

gros / mince

gruby / chudy

le premier / le dernier

najpierw / na końcu

l'ami / l'ennemi

przyjaciel / wróg

plein / vide

pełen / pusty

dur / souple

twardy / miękki

lourd / léger

ciężki / lekki

faim / soif

głód / pragnienie

malade / sain

chory / zdrowy

illégal / légal

nielegalny / legalny

intelligent / stupide

inteligentny / głupi

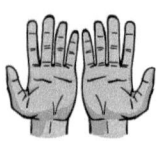

gauche / droite

lewo / prawo

proche / loin

bliski / daleki

nouveau / usé

nowy / używany

rien / quelque chose

nic / coś

vieux / jeune

stary / młody

marche / arrêt

włącz / wyłącz

ouvert / fermé

otwarty / zamknięty

faible / fort

cichy / głośny

riche / pauvre

bogaty / biedny

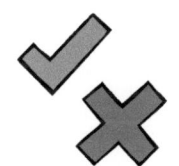

correct / incorrect

prawidłowy / błędny

rugueux / lisse

chropowaty / gładki

triste / heureux

smutny / szczęśliwy

court / long

krótki / długi

lent / rapide

powolny / szybki

mouillé / sec

mokry/suchy

chaud / froid

ciepły / chłodny

la guerre / la paix

wojna / pokój

0
zéro
zero

1
un / une
jeden

2
deux
dwa

3
trois
trzy

4
quatre
cztery

5
cinq
pięć

6
six
sześć

7
sept
siedem

8
huit
osiem

9
neuf
dziewięć

10
dix
dziesięć

11
onze
jedenaście

12

douze

dwanaście

13

treize

trzynaście

14

quatorze

czternaście

15

quinze

piętnaście

16

seize

szesnaście

17

dix-sept

siedemnaście

18

dix-huit

osiemnaście

19

dix-neuf

dziewiętnaście

20

vingt

dwadzieścia

100

cent

sto

1.000

mille

tysiąc

1.000.000

le million

milion

les langues
Języki

l'anglais

Angielski

l'anglais américain

Angielski amerykański

le chinois mandarin

Chiński mandaryński

le hindi

Hindi

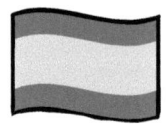

l'espagnol

Hiszpański

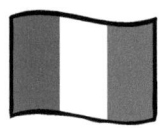

le français

Francuski

l'arabe

Arabski

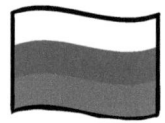

le russe

Rosyjski

le portugais

Portugalski

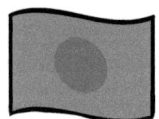

le bengali

Bengalski

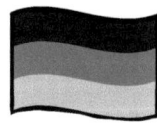

l'allemand

Niemiecki

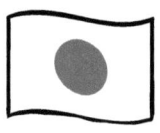

le japonais

Japoński

je

ja

tu

ty

il / elle / ce, c', cela

on / ona / ono

nous

my

vous

wy

ils / elles

oni

Qui ?

kto?

Quoi ?

co?

Comment ?

jak?

Où ?

gdzie?

Quand ?

kiedy?

le nom

Nazwisko

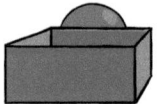

derrière

za

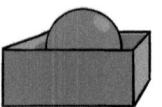

dans

w

devant

przed

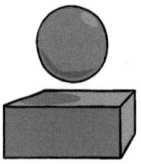

au-dessus

powyżej

sur

na

en-dessous

pod

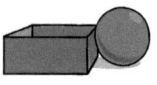

à côté de

obok

entre

między

le lieu

Miejsce